Te 135
199

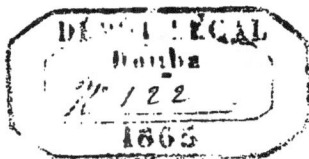

PAUVRE MÉDECINE !

LETTRE

A MONSIEUR LE SÉNATEUR DUMAS

SUR UNE VIEILLE MALADE

QUI NE VEUT PAS ÊTRE RAJEUNIE.

BESANÇON,

IMPRIMERIE ET LITHOGRAPHIE DE J. JACQUIN,

Grande-Rue, 14, à la Vieille-Intendance.

—

1865.

MONSIEUR ET HONORÉ MAITRE,

Vous avez fait au Sénat un discours qu'on dit
être un chef-d'œuvre de netteté, ce qui n'a rien
d'étonnant de votre part, et auquel, ajoute-t-on,
il n'y a rien à répondre. C'est le solennel procès
de l'homœopathie, dont la cause est désormais
jugée par le bon sens et la raison.

Les correspondants de journaux de préfecture,
pleins de compassion pour tout ce qui ne sait pas
s'incliner d'avance devant le bon plaisir du monde
officiel, engagent les médecins qui n'ont pas su
se déclarer satisfaits des doctrines, des contradictions et des fantaisies de la Faculté, à s'achemi-
ner avec résignation vers l'Egypte, où ils pourront
se mesurer avec le choléra indien et fournir des
preuves de la supériorité de l'homœopathie en
procurant des faits de guérison.

Si nous étions en Prusse, nous pourrions dire
« qu'il y a des juges à Berlin, » et nous trouve-
rions étrange qu'on nous renvoyât à la justice
turque.

En serions-nous, en France, à nous contenter de
ce qui ne peut satisfaire les flegmatiques admi-
nistrés de M. de Bismarck ?

Serait-il d'ailleurs plus facile de produire et de
faire constater en Egypte des faits de guérison à
des adversaires qui ne veulent ni voir ni entendre
ce qui se passe et se produit en France sous leurs
yeux ?

Quand dix-huit cents personnes appartenant
aux classes qui n'ont que du bon sens et de la
raison, suprême contrôle des faits, au moyen des-
quels on échappe aux subtilités et aux illusions
de l'esprit, quand un groupe considérable de po-
pulation dont les pétitionnaires ne sont que les
représentants et les organes, affirme que depuis
quinze ans les dispensaires homœopathiques des
quartiers les plus populeux de la capitale four-
nissent à leurs nombreux clients le moyen
d'échapper aux dangers et aux angoisses de l'hô-
pital, où des infirmités passagères sont trop souvent transformées en de mortelles maladies, quel
témoignage plus imposant pourrait déterminer

les hauts et puissants seigneurs de l'école et des
académies à réfléchir et à chercher, en dehors de
leur science, des moyens de guérison dont il n'est
pas donné à tous de se déclarer satisfaits?

Si la justice est facile à étouffer en France quand
il est question de choses scientifiques, combien
ne serait-elle pas encore plus facile à supprimer
en Egypte, là où les juges sont, sans contredit,
moins compétents et les témoins plus faciles à su-
borner?

Voilà, Monsieur et honoré Maître, sous quels
auspices se trouvent édités en province les chefs-
d'œuvre de votre éloquence. Mais laissons là vos
admirateurs officieux et officiels, pour vous adres-
ser le seul hommage digne de votre talent et de
votre haute position, conquise par un mérite qu'il
n'appartient à personne de contester. Cet hommage est celui d'une discussion respectueuse, qui
ne rend les armes qu'à la vérité reconnue.

Les bornes de cette discussion devant être celles
que vous-même avez mises à votre discours contre
une méthode de traitement que vous regardez
comme illusoire et dangereuse, vous me permet-
trez de suivre en quelque sorte vos arguments pas
à pas et d'accepter l'ordre que vous-même avez
établi.

Les lois qui régissent la médecine et la pharmacie ne peuvent permettre à un médecin de fabriquer lui-même et de distribuer à ses malades les médicaments de la médecine nouvelle.

Ce n'est pas là un bien grand malheur, si distribuer veut dire vendre les médicaments aux personnes auxquelles on les prescrit.

Il est bon de maintenir l'exercice de la médecine dans les conditions de l'honorabilité la plus scrupuleuse, aujourd'hui surtout qu'il tend de plus en plus à s'en écarter, pour profiter des malheureux enseignements que donnent au médecin la patente qui l'assimile à un industriel et la note qui en fait un fournisseur.

Autrefois l'exercice de la médecine ennoblissait, et la reconnaissance envers le médecin se traduisait par des honoraires, que celui-ci ne devait pas trop compter et dont il devait se montrer toujours satisfait, s'il entendait s'honorer par la pratique d'un art libéral.

Des causes nombreuses ont fait déchoir la médecine de cette condition élevée, pour la rapprocher de plus en plus de celle d'une industrie; ce n'est pas ici le lieu de les examiner, mais c'est un malheur pour la profession et pour le public

au profit duquel en définitive elle s'exerce; c'est
un mal sans remède et qu'on ne doit point laisser
s'aggraver outre mesure, en permettant à n'im-
porte quelle catégorie de médecins *de vendre*
des médicaments. On ne peut empêcher le modeste et dévoué praticien de nos campagnes de
distribuer les remèdes qu'il prescrit et que les
distances empêcheraient de se procurer à temps
utile dans une pharmacie; on ne doit point exi-
ger de lui qu'il ne recouvre pas le prix des médicaments qu'il achète, lorsque la fortune de ses
clients permet qu'il en soit ainsi; quant au médecin homœopathe qui exerce dans une ville, ne
peut-il pas procurer à ses clients dans une pharmacie bien tenue, et il n'en manque nulle part,
tous les médicaments du premier degré, tous les
médicaments à leur point de départ, comme vous
dites bien, c'est-à-dire en teintures-mères, sauf à
demander à une officine spéciale ou à préparer
lui-même les atténuations que la pharmacie
usuelle ne saurait lui fournir et que nulle puissance ne peut lui dénier le droit de distribuer
gratuitement aux indigents, au même titre et avec
une autorité supérieure à celle des religieuses,
des châtelaines et de toutes les personnes qui s'oc-
cupent de bienfaisance?

Mais ces médicaments, dites-vous, Monsieur et honoré Maître, ces médicaments ne contiennent rien; ils ne peuvent être ni distingués les uns des autres ni contrôlés par les recherches de la physique et de la chimie, qui n'y découvrent rien.

Autant il m'a été facile d'accepter votre première conclusion, celle qui invite les médecins homœopathes à se soumettre aux conditions que leur font les lois sur l'exercice de la pharmacie et de la médecine, autant il devient urgent pour tous ceux que vous atteignez dans leur honorabilité et leur caractère scientifique, de vous répondre par des faits qui contredisent votre seconde conclusion et en montrent l'infirmité.

Et d'abord, permettez-moi de vous dire que cette conclusion n'est pas présentée d'une manière nette ni bienveillante.

Soyez sévère à l'égard d'une méthode qui vous semble se produire avec les prétentions d'une nouveauté et qui doit être soumise à la vérification scientifique, c'est votre droit; votre devoir est de rester impartial, et vous ne l'êtes pas.

Vous distinguez deux formes de préparations médicamenteuses homœopathiques, *celles du point de départ et celles du dernier terme.* Vous ne pourriez refuser aux premières les qua-

lités qui les placent à la tête de toutes les préparations pharmaceutiques et fort peu au-dessous
des principes immédiats, et vous glissez habile-
ment sur cette confiance que méritent les préparations du premier degré pour vous arrêter avec
complaisance sur l'impossibilité de distinguer
entre les autres préparations, puisque ni les unes
ni les autres n'accusent rien aux recherches de la
physique et de la chimie.

Qui mieux que vous sait que le spectre photo-
graphique de Bunsen met en évidence les molécules de la matière divisée jusqu'à la· sixième
atténuation au moins?

Voilà pour la physique; et quant à la chimie,
ne devrait-elle pas être un peu plus modeste dans
ses conclusions, malgré le légitime orgueil qu'elle
a de posséder un maître tel que vous, quand il
lui arrive, dans ses progrès de tous les ans, de
constater ses ignorances de l'année précédente.
Où en était-elle, il y a moins de vingt ans, à l'endroit de certaines eaux minérales très actives et
dans lesquelles elle ne constatait rien, tandis
qu'en perfectionnant ses moyens d'investigation,
elle a fini par y découvrir des quantités infinitési-
males d'arsenic, d'iode, de rubidium, de cæ-
sium, etc. L'organisation humaine est un réactif

plus délicat et plus certain que tous ceux de vos
éprouvettes et de vos cornues, qui n'accusent rien
dans les miasmes, dans les agents impondérables
auxquels on impute les fièvres intermittentes et
les grandes épidémies, dans l'atmosphère des hôpitaux dont les chirurgiens eux-mêmes sont loin
de reconnaître l'innocuité, dans les virus même
que l'on sait être les causes des plus terribles con-
tagions et qui modifient si puissamment nos san-
tés.

Vos commencements ont été si humbles, que
l'alchimie a été votre aïeule, et puisque vos grandeurs d'aujourd'hui ne sont jamais qu'un état pro-
visoire qui devra s'abaisser devant vos grandeurs
de demain, n'est-il pas légitime, tout en admirant
vos progrès actuels, de vous en présager de plus
grands? Vous avez déjà pris de si belles propor-
tions après être sorti d'un tel berceau! En atten-
dant donc que vous ayez encore grandi, votre
témoignage et votre contrôle ne sont nécessaires
à aucune méthode médicale, et il n'en est pas une
qui ne puisse vous répondre, en puisant ses
preuves d'efficacité dans l'expérience directe, ce
que vous répondriez vous-même au chimiste pu-
rement spéculateur et théoricien qui serait étran-
ger à l'art si nécessaire des manipulations. Ce sont

ces preuves tirées de l'expérience directe que
vous contestez et que vous prétendez réduire à
néant.

Votre argumentation repose sur le témoignage
de deux personnes pour ce qui concerne l'Angle-
terre, d'un médecin allemand très distingué, dites-
vous, pour ce qui concerne l'Allemagne. Le reste
vaut à peine, selon vous, le soin d'être mentionné,
parce que ce sont des faits successifs, disséminés,
et déjà disparus en grande partie. Mais, quand des
faits ont pour eux le témoignage de quelques mil-
liers d'hommes, quand ils sont faciles à repro-
duire, quand ils intéressent la santé et la vie
humaines, ils méritent bien d'être examinés, malgré les dénégations, l'opposition et le parti pris
de tous ceux dont ils froissent les opinions, les
intérêts ou la routine et les erreurs mêmes; ils
méritent bien d'être admis à la preuve et de devenir officiels, comme tout ce qui est juste et vrai.
Malheur aux sociétés au sein desquelles la vérité
et la justice ne pourraient point devenir officielles
et seraient écartées par les gouvernements char-
gés de sauvegarder leurs intérêts !

Sur ces faits, sur ceux qui se sont produits en
France, à Paris et à Lyon, vous énoncez des ap-
préciations auxquelles il ne manque, il faut bien

le dire, que l'exactitude, et qui feront éclater
un orage de contradictions auquel il est toujours
fâcheux pour un homme de votre caractère de
donner lieu, en abusant de la formidable publicité que lui prête la tribune sénatoriale pour
étouffer des voix qui ne demandent rien qu'une
chose fort légitime, les moyens d'une vérification scientifique.

En préjugeant ainsi une question que vous paraissez ne pas connaître et à laquelle vous n'ac-
cordez *que vos dédains,* vous abusez contre un
groupe considérable de médecins d'un moyen de
diffamation disproportionné par sa puissance
avec la faiblesse des organes de publicité qui
leur sont laissés pour vous répondre et se justifier ; vous créez à la science officielle une position
qui ne mérite la sympathie ni des cœurs géné-
reux, ni des esprits loyaux, indépendants et éle-
vés. Une méthode médicale demande à faire
preuve d'existence et d'efficacité. Elle demande
une place au grand jour de la publicité sur le
théâtre des hôpitaux. Que ne lui ouvrez-vous largement cette souricière dont elle demande l'entrée, puisque vous dites vous-même que cela ne
peut être quelque chose de bien offensif !

Comment se fait-il que vous, homme de science

et de science profonde, accoutumé à d'autres
allures, vous descendiez du rôle honorable et impartial de juge, pour vous transformer en adver-
saire passionné d'une méthode scientifique que
vous paraissez ignorer, puisque vous la travestissez
en l'exposant. Nous ne sommes pas habitués, nous
tous qui avons longtemps admiré votre enseignement, à vous voir prendre le nom d'un port pour
un nom d'homme, en parlant d'une chose que
vous ne vous êtes pas donné la peine de connaître.
Après avoir accumulé, à propos des faits relatifs à
l'exercice de la médecine homœopathique dans
les hôpitaux et à l'occasion des concours devant
l'administration de l'assistance publique, des assertions qui seront déclarées contraires à la vérité
par des documents déjà anciens, et qui révéleront,
ce que l'histoire dit assez, de quelle manière sont
étouffées au sein des administrations et des académies les vérités qui contrarient leur routine,
vous arrivez à définir, en quelques phrases assez
nébuleuses et en quelques propositions assez
inexactes, la doctrine homœopathique, et vous
formulez cette conclusion que cette doctrine *est
celle des signatures*.

Voilà le mot lâché ! et il vous trahit, car rien
n'est plus faux, et il est heureux pour vous que

la tolérance du Sénat pour l'un de ses membres soit nécessairement plus large que ne fut le dos d'un certain poisson.

C'est que ce poisson-là connaissait mieux le Pirée que le Sénat ne connaît la médecine.

Elle est donc bien ridicule et bien coupable à vos yeux, cette doctrine qui s'est demandé comment il se fait que l'expérience, cette grande lumière de la médecine officielle dans l'emploi des médicaments, soit arrivée à des résultats tellement confus, contradictoires et équivoques, que les maîtres les plus autorisés n'ont cessé de déplorer depuis cinquante ans et plus l'incertitude et les perplexités accumulées, en présence des souffrances humaines, par l'emploi de ces médicaments pour les esprits sévères et consciencieux, condamnés à y chercher des moyens de soulagement ou de guérison.

Elle est bien ridicule et bien coupable, cette doctrine qui s'est prise à douter d'une médecine officielle au sein de laquelle a toujours régné la discussion, à tel point qu'elle a régulièrement changé de système trois ou quatre fois par siècle dans le traitement des maladies.

L'expérience, telle que vous l'invoquez, n'ayant produit que l'anarchie et, finalement, le scepti-

cisme, souvent même d'effroyables attentats contre la santé et la vie humaine, était-il donc si dé-
raisonnable de l'instituer sur de nouvelles bases
et de se dire qu'il fallait avant tout connaître les
effets du médicament sur l'homme sain pour oser
l'appliquer en connaissance de cause à l'homme
malade? De cette application et de cette recherche
consciencieuse sont nés des résultats inattendus,
bien qu'ils paraissent avoir été pressentis déjà et
entrevus par celui que nous appelons le père de
la médecine et par plusieurs même de ses succes-
seurs.

L'observation ne tarda pas à mettre en évidence
que le médicament a un double effet sur l'organisation humaine, un effet prochain et un effet
plus éloigné, un effet primitif et un effet
secondaire, selon qu'il est administré à doses
toxiques et perturbatrices, ou à doses amoindries
et médicamenteuses ; que le premier de ces
effets est l'indication des maladies dans lesquelles
le médicament peut servir de remède, si l'on
s'attache à ne procurer que le second mode d'action.

Ainsi de l'opium et du café relativement au
sommeil. Le premier le procure ordinairement
à doses suffisantes et par son effet primitif: il

l'ôte par son effet secondaire et quand on l'administre à doses très atténuées. Le café produit le contraire: il maintient l'état de veille par son effet primitif et à dose usuelle chez les sujets qui n'y sont point accoutumés; il amène le sommeil par son effet secondaire ou lorsqu'on le donne à doses très atténuées aux personnes qui sont affectées d'insomnie spontanée.

Ainsi en est-il d'une foule de médicaments, du quinquina, par exemple, relativement à la fièvre périodique, de l'arsenic et d'une foule d'autres relativement aux vomissements, aux coliques et aux symptômes d'empoisonnement violent, de la noix vomique relativement aux crampes musculaires et nerveuses, aux spasmes, d'une multitude d'autres enfin dont je dois omettre l'énumération, qui serait fastidieuse, et d'ailleurs je tiens à éviter jusqu'à l'apparence d'une prétention quelconque à professer une doctrine devant un homme dont j'ai reçu tant et de si bonnes leçons.

De ces expériences on voit ressortir, si je ne me trompe, une loi qui manquait à la médecine de l'école pour l'administration des médicaments, loi pressentie de toute antiquité, mais oubliée et obscurcie au milieu du conflit des systèmes, et qui se formule ainsi:

Une maladie ou une souffrance étant donnée (πάθος), chercher, pour la guérir, et administrer à faible dose, pour obtenir d'emblée son effet secondaire et médicateur, la substance qui, à haute dose, procurerait par son effet primitif et perturbateur, des symptômes analogues (ὅμοιος) chez l'homme sain.

C'est cette loi d'analogie qu'on a appelée homœopathie et qu'on a exprimée par l'axiome malheureux et inexact: *Similia similibus.*

Mais combien, dans la médecine officielle, n'y a-t-il pas de choses *mal nommées* et auxquelles l'usage maintient leurs dénominations ridicules !

C'est cette loi qu'il s'agit de vérifier par l'application, et cette vérification se fait tous les jours dans la pratique d'une multitude de médecins dont le témoignage s'élève en vain pour affirmer ce qui est pour eux une vérité, car il est convenu dans l'école et dans les académies qu'il n'y a de témoignages valables qu'en faveur de l'anarchie officielle :

Nul n'aura de l'esprit, hors nous et nos amis.

L'énoncé de cette loi n'est point si ridicule cependant que l'exposition sommaire qu'il vous a

**

2

plu, Monsieur et honoré maître, de lui substituer, et il peut être l'objet d'une vérification facile.

Ce ne serait point un médiocre avantage pour la médecine, qui, la plupart du temps, manque d'une sage direction dans ses efforts pour soulager et guérir l'homme malade, de se trouver pourvue d'une loi qu'elle cherche encore au milieu de la confusion et du doute.

Pourquoi se plaît-on à étouffer sous le ridicule des subtilités germaniques et des minuties inextricables, l'énoncé d'une doctrine qu'il était facile à un homme tel que vous de présenter d'une manière plus exacte et plus impartiale ?

Quelle est la doctrine qui résisterait à de tels procédés ? Quelle est celle qui pourrait assumer la responsabilité de toutes les erreurs, de toutes les exagérations dont l'esprit humain entoure presque nécessairement les quelques vérités qui composent son patrimoine ?

La méthode qui consiste à exposer une chose par ses côtés ridicules, en atténuant et en travestissant ce qu'elle peut offrir de bon et de vrai, est un procédé littéraire digne des rédacteurs du *Charivari ;* c'est un genre de mérite trop inférieur à votre dignité, et s'il fallait le prendre au sérieux, il n'y aurait pas une administration, il n'y aurait pas un gouvernement, qui voulût se croire à l'abri d'un tel dissolvant. Que ne pourrait-on pas dire du suffrage universel lui-même si on l'abandonnait aux hommes excessifs et passionnés, qui n'en feraient ressortir que les erreurs et les vices, et si messieurs nos préfets n'étaient là pour en assurer l'intégrité et la sincérité ?

Après la guerre du ridicule, vient celle des notions erronées.

Ce n'est pas une sphère liquide embrassant les mondes qu'il faut aux médecins homœopathes pour préparer leurs médicaments les plus atténués. Cinq grammes par dilution, au plus, font cent cinquante grammes, qui suffisent pour préparer cette trentième dilution, qui vous a servi à frapper l'imagination de vos auditeurs et à les tromper.

Tous vos faux calculs viennent se noyer dans un verre d'eau, et, pour me servir des expressions d'un livre qui répond d'avance à toutes les objections de votre harangue, « vous n'avez pas le droit d'ignorer les règles de l'arithmétique, pas plus que les notions de la morale la plus vulgaire.

» Autre chose est de diviser un médicament dans un verre de liquide par fractionnement successif, autre chose de le diviser dans des fleuves, des mers, ou le monde entier rempli d'eau [1]. » Ce livre, qui réfute toutes vos accusations, n'a qu'un tort, c'est de ne pouvoir atteindre au moyen de publicité dont la tribune du Sénat vous a permis de disposer pour répandre une foule d'assertions inexactes, de faits controuvés, dont votre discours n'est qu'un tissu et auxquelles il devrait m'être permis de donner leur véritable nom.

Vous osez parler de concours qui ont éloigné de jeunes médecins dont la valeur scientifique bien connue les acheminait à la pratique des hôpitaux. Ces médecins, aujourd'hui parvenus à l'âge mûr, n'ont été écartés que par l'iniquité de leurs juges, qui s'étaient faits leurs adversaires et leurs ennemis avant les épreuves du concours, et vous avez déjà reçu à cet égard des protestations capables d'éclairer votre conscience.

Vous osez parler d'expériences faites dans les hôpitaux et desquelles seraient sorties des conclusions défavorables à la méthode nouvelle. Mais

---

[1] *Lectures publiques sur l'homœopathie faites au palais des facultés de Clermont-Ferrand,* par A. Imbert-Gourbeyre, professeur à l'école de médecine de Clermont-Ferrand. — Paris, J.-B. Baillière et fils, rue Hautefeuille, 19.

vous n'avez pas dit que ces expériences avaient
été faites dans des conditions incompatibles avec
la possibilité même d'un succès, ou qu'elles
avaient été conduites par la légèreté, l'ignorance
ou la mauvaise foi d'adversaires dont *le siége
était fait,* ou enfin que ces expériences avaient
donné des résultats préférables à ceux de la médecine usuelle exercée par des mains habiles.

Mais vous avez rencontré sur ce point la plus
puissante des contradictions, celle du rapporteur,
M. Thayer, à laquelle il n'y a rien à ajouter.

Vous affirmez en maint endroit que les médecins homœopathes n'ont jamais répondu à
l'appel qui leur a été fait de vérifier leur doctrine
par des expériences publiques et de la justifier
devant les corps savants, et, par un paralogisme
perpétuel, vous leur refusez le moyen de faire
cette preuve; vous leur refusez l'entrée des concours, tout en semblant la leur ouvrir; vous leur
fermez la porte des hôpitaux, parce que les corps
savants ne *leur ont jamais accordé que leurs
dédains,* que leur doctrine est fondée sur des
erreurs palpables, qu'elle choque le bon sens,
qu'elle ne peut soutenir l'épreuve du raisonne-
ment, ni résister à l'examen ; et c'est justement
cet examen qui leur a été refusé et que vous leur

refusez vous-même, on le voit assez, dans la façon peu flatteuse et en même temps très inexacte dont vous exposez le peu que vous avez compris de leur doctrine.

Et cependant, vous dites, d'autre part, que les deux médecines ne sont pas si éloignées de se confondre qu'on veut le dire.

Pourquoi dès lors soutenez-vous l'une au détriment de l'autre, et ne voyez-vous pas que vos inconséquences les compromettént toutes deux ?

De telles contradictions, une telle manière d'argumenter, offrent quelque chose d'oblique et de louche, qui trahit bien plus un ennemi acharné qu'un savant impartial, accueillant avec faveur les moyens de démonstration.

Des résultats ! des faits certains ! voilà ce que vous semblez demander, et quand on cherche la bienheureuse occasion de vous en montrer, vous commencez par fermer les yeux et vous boucher les oreilles.

Non ! je ne puis croire qu'un médicament conduit à la trentième dilution conserve la puissance de modifier l'organisation humaine au point de vue de la maladie ou de la santé.

Voilà le point d'appui de votre résistance, et
il y a sans doute de fort bons arguments à faire
valoir ; il y a aussi des *faits* à vous opposer :
mais vous ne voulez ni voir ni entendre, vous
renfermant avec une obstination invincible dans
cette pensée que la matière infiniment divisée ne
peut agir sur nous.

C'est vous, physicien, c'est vous, chimiste, c'est
vous, homme de science, qui dites cela, et c'est
vous qui nous avez enseigné, dans le temps, qu'on
ne peut assigner des bornes à la divisibilité de la
matière, qu'on ne peut expliquer les forces qu'elle
manifeste, qu'on ne peut même dire d'une manière certaine ce qu'elle est ou ce qu'elle n'est
pas, qu'on ne peut affirmer que ses molécules et
ses atômes désagrégés n'offrent pas des surfaces
de contact infiniment plus considérables que lorsqu'ils sont agglomérés, ni que les émanations,
les miasmes, les arômes, les odeurs, la lumière,
l'électricité, une émotion morale enfin, agissent
matériellement.

Ces vingtièmes, ces trentièmes dilutions vous
blessent? mettons-les hors de cause.

Ce n'est point en cela que consiste l'homœopathie. Elle consiste, j'ai eu l'honneur de vous le
dire, en l'application du médicament à dose mo-

dérée, très modérée et prudente, d'après l'indication d'analogie tirée des effets d'une plus haute
dose sur l'homme sain, et afin d'obtenir d'emblée
l'effet secondaire ou médicateur, en évitant l'effet
primitif ou perturbateur. L'homœopathie se rap-
proche donc, comme vous l'avez dit, de la médecine usuelle, au moins en ce qui concerne la nature des médicaments, mais elle en diffère essen-
tiellement par la manière dont elle les applique,
puisque cette application est régie par une loi,
tandis que dans la médecine officielle, elle n'est
le plus souvent réglée que par l'arbitraire, la fan-
taisie ou les théories les plus ruineuses de l'em-
pirisme raisonné.

Est-ce à dire pour cela que la médecine usuelle
n'opère pas des guérisons et ne rencontre pas
juste quelquefois?

Elle guérit souvent, parce qu'il lui arrive de profiter de l'effet secondaire du médicament, après
avoir traversé la période de perturbation et de
désordre produite par l'effet immédiat. Mais il faut
pour cela qu'elle soit dirigée par des mains pru-
dentes, qui ne permettent pas à cette perturbation
de dépasser certaines limites incompatibles avec
le degré de résistance de l'organisation. Cette
condition de prudence, de circonspection et de

tact, se rencontre souvent dans le médecin mûri par l'expérience et en outre dans certaines natures privilégiées; mais il faut bien reconnaître que, dans l'enseignement actuel, rien n'est fait pour produire ces heureuses exceptions. Et puis la médecine usuelle bénéficie tout aussi bien que l'homœopathie des avantages de l'expectation et des efforts médicateurs de la nature.

Aucun médecin digne de ce nom ne fera difficulté de l'avouer, et c'est encore là un point de contact certain des deux médecines. Mais, tout en faisant cette concession, nécessaire à la vérité, la médecine usuelle pourra toujours revendiquer comme dus à son intervention des cas de guérison par des agents héroïques produisant d'une manière rapide et durable un changement heureux dans un état de souffrance que le temps n'avait fait qu'aggraver. Il en est de même de l'homœopathie. Il lui est arrivé, à ma connaissance, de guérir, même après l'impuissance constatée de sa sœur aînée, des fièvres intermittentes rebelles et datant de plusieurs années, avec cette trentième dilution qui vous fait tant rire; des épilepsies bien confirmées, avec quelques gouttes de médicaments divers dont quelques-uns n'auraient certes point l'approbation de nos académies. C'est bien le cas de dire, avec le poëte, « que nos doutes nous font perdre le bien que nous pourrions obtenir en nous ôtant le courage de le tenter. »

C'est à dessein que j'omettrai d'autres faits nombreux et probants. Tous les médecins qui ont sérieusement étudié la nouvelle méthode ont vu de ces faits, et leur témoignage, après tout, vaut bien celui de leurs contradicteurs.

Tout en accordant donc à l'expectation ce qui lui est dû, tout en reconnaissant qu'il est souvent difficile en médecine de faire la part de ce qui appartient à la nature et de ce qui appartient à l'art, il faut pourtant bien reconnaître qu'il est des circonstances malheureuses dans la vie humaine, où il a été donné à toutes les méthodes médicales d'intervenir quelquefois utilement ; et si l'on ne pouvait conclure d'un changement profond et avantageux survenu subitement chez un malheureux rongé depuis des mois ou des années par la fièvre, ou chez un épileptique ébranlé par des convulsions, si l'on ne pouvait conclure de leur guérison, survenue à la suite de l'application d'une méthode, à l'incontestable utilité de cette méthode, et aux dangers, à l'inutilité de l'expectation dans certains cas, il ne faudrait alors plus parler de médecine officielle ni de médecine homœopathique, et les arguments invoqués contre celle-ci retomberaient comme une massue sur la tête de sa sœur aînée.

Les maladies guériraient si bien avec de l'eau claire, et vous poursuivez les malades de saignées, vous les gorgez d'émétique à haute dose, vous leur faites subir l'épreuve de tous les poisons, en ajou-ant aux perturbations de la maladie les pertur-bations incalculables du traitement ; vous tuez au lieu de laisser mourir..... ou guérir, car il y a, grâce à Dieu, dans la nature humaine un fond de vitalité qui suffit souvent, même sans engrais, pour me servir de votre gracieuse comparaison, à produire une petite récolte spontanée de santé et de bien-être.

Mais il faut que ce fond soit ménagé et conduit avec une prudente économie, et c'est ce que fait tout médecin, aussi bien l'allopathe que l'homœo-pathe, quand ils ont de la science et de la cons-cience.

Il y a dans la médecine officielle des hommes prudents, nous le savons, qui ne marchent que lorsqu'ils voient clair, qui ne confient rien à l'arbi-traire et au hasard, qui font bénéficier le malade, non-seulement d'une sage abstention, mais encore d'un remède donné avec certitude et à propos,

des avantages de toutes les méthodes tradition-
nelles qui combattent la maladie sans médication
interne; mais la question est de savoir si l'homœopathie n'est pas une méthode à ajouter à d'autres méthodes, si elle ne révèle pas des faits im-
portants et peu connus jusqu'ici, si de ces faits ne
ressortent pas des enseignements efficaces qui
constitueraient un véritable progrès pour l'art de
guérir, car, nous pouvons le répéter ici, l'expérience n'a point suffisamment appris à connaître
l'emploi des remèdes dans les maladies, elle a
surtout produit la confusion, le doute, le scepti-
cisme, qui résultent de témoignages contradictoires. La médecine des écoles et des académies,
la médecine officielle en un mot, a besoin d'une
loi pour régler l'emploi des médicaments; cette
loi lui manque, et l'homœopathie la lui apporte.

Nos convictions sont faites à cet égard, et nos
convictions sont fondées sur une étude que nous
poursuivons depuis seize ans. Nous avons ri de
l'homœopathie comme bien d'autres, et nous
n'avons consenti à l'examiner que parce qu'on
nous a montré des faits irrécusables. Nous ne
sommes point homœopathe, nous n'avons jamais
pris ce titre, parce qu'en fait d'écoles, « nous
n'avons jamais voulu appartenir qu'à la méde-

cine qui les comprend toutes, et nous n'avons jamais eu d'autre ambition que celle de rester médecin [1]. » Mais depuis seize ans nous observons ce qui se passe dans le monde médical au sujet de cette grande question, et si nous n'étions éclairé par l'histoire de notre art, nous nous étonnerions de voir tout ce qu'elle a déjà produit de divisions, de haines, de scandales, provoqués par de flagrantes injustices, par d'ignobles passions.

Mais la découverte de la circulation du sang, celle des propriétés de l'opium, de l'émétique, du mercure, de l'ipécacuanha, du quinquina, ont donné lieu à des résistances non moins mémorables, à la suite desquelles les écoles et les académies ont été bien heureuses de profiter des moyens nouveaux qu'elles avaient d'abord proscrits.

Quant à nous, qui expérimentons depuis seize ans les deux méthodes, en les comparant l'une à l'autre, et en nous tenant à une égale distance des doses perturbatrices de la médecine officielle et des doses trop sensibles et trop délicates que la fumée d'un cigare, un assaisonnement insolite, une odeur bonne ou mauvaise, suffisent à neutra-

(1) IMBERT-GOURBEYRE, *Etudes sur l'action élective de l'aconit.*

liser, nous nous sommes procuré ces faits dé-
monstratifs qui vous manquent et que vous
semblez appeler, tout en refusant à ceux qui les
allèguent les moyens de vous en rendre témoins.

Que penseriez-vous, Monsieur le Sénateur, de
juges qui vous accorderaient la liberté de démon-
trer par l'expérience les principes de la science
à la tête de laquelle vous marchez, et qui vous
imposeraient même le devoir de cette démonstration, mais en vous fermant d'une manière
inexorable la porte de tout laboratoire, et en vous
privant de tout réactif ?

Cette position est justement celle que vous
faites à un groupe considérable de médecins, que
vous attaquez dans la considération qui leur est
due, tout en déclarant bien hautement que vous
voulez ménager les situations et les personnes.

Vous voulez qu'ils sachent bien, ces médecins,
ce qu'il en coûte de chercher la vérité en dehors
des voies de la science officielle, de croire à la
liberté de l'intelligence et du travail, d'obéir à la
conscience, qui leur dit que là où se trouve la
perpétuelle contradiction des doctrines, là ne
peut se rencontrer la sécurité des malades.

Ils pourront donc admirer à leur aise les
richesses d'une science surchargée de matériaux ;

mais s'ils cherchent, au milieu de cette confusion,
un principe de coordination capable d'éclairer les
faits et de régler l'intervention du médecin, ils
seront exclus de toutes les positions si nécessaires
pour donner le prestige indispensable aux yeux
du vulgaire ; ils verront se fermer devant eux la
porte des concours que, par une inqualifiable
ironie, vous avez semblé leur tenir ouverte, vous,
Monsieur le Sénateur, qui ne pouvez ignorer
les faits qui se sont passés à cet égard. A cela
près, ces médecins jouiront de la plus entière
liberté, c'est vous qui le dites ; excommuniés et
diffamés, ils pourront choisir entre les deux parts
que vous leur faites, celle de charlatans ou d'i-
diots, d'imbéciles ou de coquins.

C'est ainsi sans doute, Monsieur le Sénateur,
que vous espérez réunir les membres de la grande
famille médicale et faire cesser *une séparation
qui n'est pas fondée, qu'il n'est pas nécessaire de maintenir et encore moins d'exa-
gérer.*

Ces paroles sont les vôtres. Mais pour fermer
une plaie hideuse qui afflige et déshonore notre
profession, il serait opportun de faire appel à la
loyauté, à la bonne foi, à la liberté scientifique,
au désintéressement qui sacrifie tout à la vérité

reconnue, plutôt que d'offrir une prime au ser-
vilisme, toujours prêt à fléchir les deux genoux devant toute doctrine qu'il est permis de croire doctrine d'Etat parce qu'elle est celle des académies.

La pratique médicale est pleine aujourd'hui de
ces intelligences sans conviction et de ces esprits
sceptiques, pour lesquels les choses de la science
ne sont qu'un objet de commerce, et qui sont
toujours disposés à cette complaisance universelle
au moyen de laquelle on arrive à la faveur universelle.

La presse médicale et l'enseignement nous ont
fait ces caractères sans virilité, ces courageux
chevaliers du succès à tout prix, toujours prêts à
s'incliner devant la main qui dispose des fonctions
publiques, parce qu'une fonction dispense trop
souvent de toute autre preuve de travail et de
science.

Votre collègue, M. Dupin, égaré par vous-même
et plein de fiel contre une doctrine dont il se
forme une idée fausse, reproche aux homœopathes
de vouloir se singulariser et se créer ainsi parmi
les médecins un privilége, tandis qu'il ne saurait
exister deux médecines, comme son bon sens
le lui dit. Là se trouve la vraie conciliation. Il
n'y a pas deux médecines, il est vrai, mais

il y a diverses méthodes médicales, diverses
manières d'interpréter l'énigme de la maladie
dans l'homme, de même qu'il n'existe pas deux
justices, et cependant il y avait déjà parmi les
jurisconsultes romains diverses écoles, et des
manières bien différentes d'interpréter les lois.

S'il est arrivé à l'homœopathie de se surfaire et
d'élever trop haut ses prétentions, elle n'a point
été la seule à s'engager dans cette voie, qui est
bien un peu celle de la médecine académique et
de tous les systèmes nouveaux, qu'on a pu
comparer avec raison à ces mines aurifères dont
les parcelles brillantes ne justifient pas toujours
par leur richesse les espérances qu'elles avaient
fait concevoir, pas plus qu'elles ne rémunèrent
toute la peine qu'on se donne pour les laver, en
séparer le sable et les impuretés. Quel est le système qu'il n'ait pas fallu soumettre au lavage pour
en extraire un peu de métal précieux?

Pourquoi dès lors ne pas ouvrir largement et
généreusement la carrière à toutes les méthodes
médicales et à toutes les catégories de médecins,
en n'exigeant de ceux-ci que les garanties d'ins-
truction nécessaires pour sauvegarder les droits
de la société? Vous feriez ainsi disparaître d'un
seul coup la cause la plus active de cet antagonisme

qui divise le monde médical et n'ajoute rien à sa considération.

N'établissez pas de distinctions, comme vous l'avez fait jusqu'ici, et vous verrez tomber par cela même toutes celles qui pourraient être illégitimement revendiquées.

Ne prononcez ni exclusions ni ostracismes, et vous ne verrez plus au sein d'une corporation qui a besoin d'union pour se faire respecter, ces existences sans dignité qui se livrent à une compétition ardente servie par tous les genres d'intrigue, pour obtenir le succès et la vogue par la coalition des intérêts et des influences les plus incompatibles, profitant de la division des esprits sur certaines questions de principes, pour se glisser entre les diverses opinions, les courtiser toutes et les trahir toutes, donner enfin dans leurs personnes le repoussant spectacle d'une profession libérale réduite à l'état de domesticité.

Il est en France tel directeur d'école de médecine, tel professeur, qui pourraient vous donner sur d'aussi tristes faits d'excellents renseignements.

En face d'un pareil abaissement des caractères, les esprits indépendants et dévoués à la seule vérité continueront à chercher *ce qui offre le plus de chances de guérison aux malades;*

ils reconnaîtront avec votre spirituel contradicteur,
M. le président Bonjean, que si la médecine, telle
que nous l'ont faite les siècles, les écoles et les
systèmes, *est encore en marche et n'est point
arrivée;* que si, malgré ses admirables richesses,
elle se montre encore très insuffisante en présence
des misères humaines, il lui reste à chercher, à
chercher toujours, la solution du problème de la
maladie dans l'homme, et qu'à ce titre les homœopathes lui apportent un moyen d'investigation
et de succès que les écoles et les académies ont
tort de dédaigner, sans vouloir l'appliquer ni le
connaître; car si nous sommes condamnés à
prendre des poisons ou des remèdes — le même
mot ayant servi dans les langues anciennes à dé-
signer l'un et l'autre (φαρμακον) — mieux vaut en
prendre à doses modérées qu'à doses énormes, à
doses médicatrices qu'à doses perturbatrices, car,
nous l'avons vu, et la médecine usuelle elle-même
est obligée d'en convenir, c'est la dose perturba-
trice qui est le plus *semblable* à la maladie et qui
agit dans le sens du désordre; c'est la dose médi-
catrice qui obtient l'effet secondaire ou opposé à
la maladie, de telle sorte que ce sont les partisans
de l'ancienne médecine qui sont véritablement
homœopathes.

Quant à ceux qui se sont laissé maladroitement imposer ce nom, ils se servent simplement de cette indication, tirée de l'analogie entre les symptômes du mal et les effets primitifs du remède donné à haute dose, pour combattre la maladie par les effets secondaires obtenus d'emblée au moyen des doses réduites.

Les rôles se trouvent ainsi bien changés, et il serait fâcheux vraiment que la médecine progressive fût condamnée à périr au milieu de cet affreux coq-à-l'âne, qui est tout le fond de la querelle et qui paraît si agréable à M. Dupin.

Mais si les amis de la vérité et de la science indépendante restent condamnés par le vote que vous avez provoqué et obtenu, Monsieur le Sénateur, ils se consoleront en pensant que des vérités plus importantes pour l'humanité que l'homœopathie ont été proclamées à cette tribune, et que cependant elles n'y ont pas obtenu les honneurs du triomphe qu'elles méritaient.

Daignez agréer, Monsieur le Sénateur, l'hommage respectueux de votre ancien auditeur.

Dr LABRUNE.

BESANÇON, IMPRIMERIE DE J. JACQUIN.

41

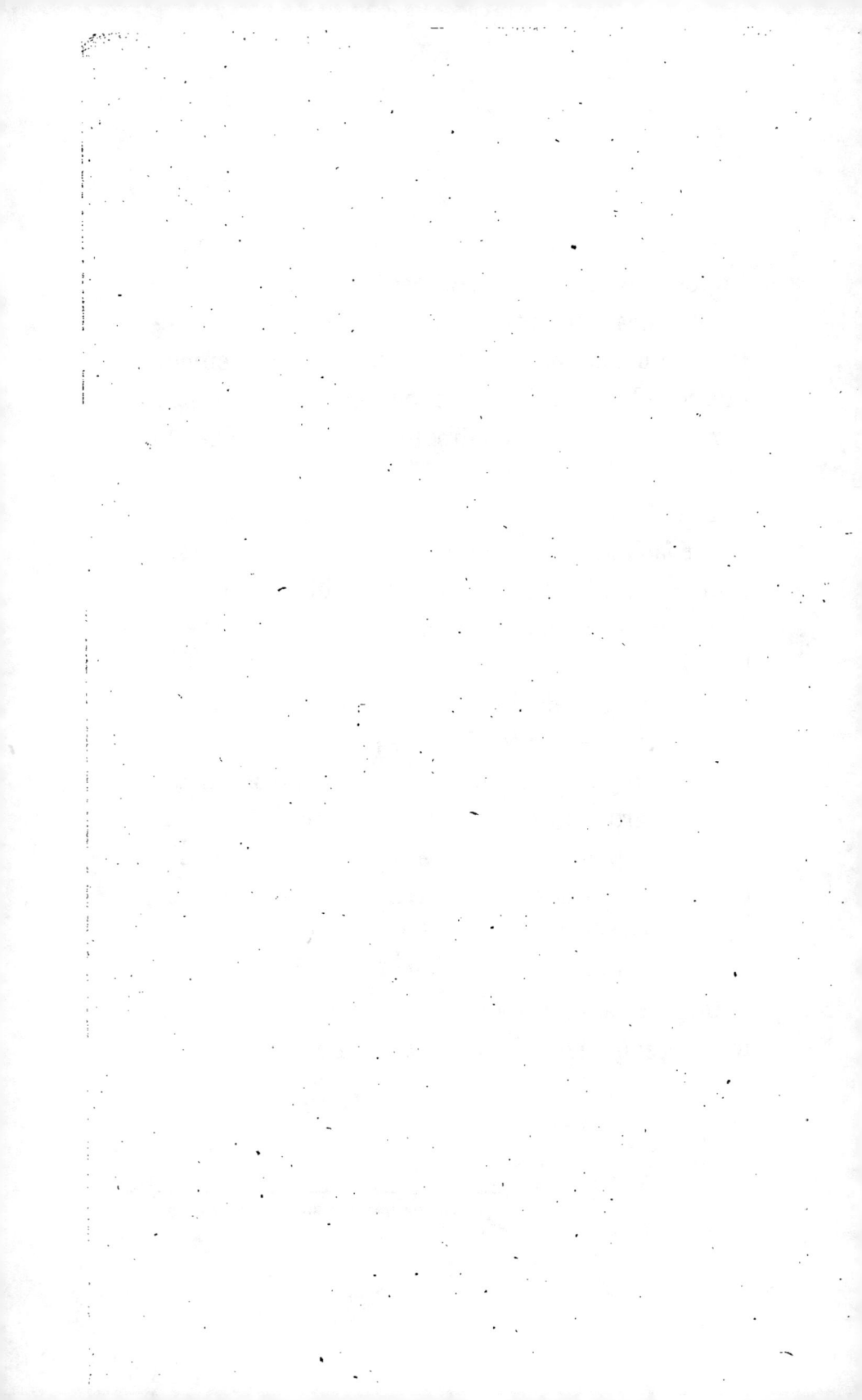

www.ingramcontent.com/pod-product-compliance
Lightning Source LLC
Chambersburg PA
CBHW060801280326
41934CB00010B/2520